力车组看图识配件丛书

CRH380CL 型动车组看图识配件

《CRH380CL型动车组看图识配件》编委会　编

中国铁道出版社

2017 年·北 京

图书在版编目(CIP)数据

CRH380CL 型动车组看图识配件/《CRH380CL 型动车组看图识配件》编委会编. —北京:中国铁道出版社,2017.7

(动车组看图识配件丛书)

ISBN 978-7-113-23283-2

Ⅰ.①C… Ⅱ.①C… Ⅲ.①动车-配件-图解 Ⅳ.①U216.6

中国版本图书馆 CIP 数据核字(2017)第 144722 号

书 名:动车组看图识配件丛书
CRH380CL 型动车组看图识配件

作 者:《CRH380CL 型动车组看图识配件》编委会 编

责任编辑:黄 璐 **编辑助理**:王晓阳 李润华 **编辑部电话**:(010)51873138 **电子信箱**:tdpress@126.com

封面设计:郑春鹏 **责任校对**:苗 丹 **责任印制**:高春晓

出版发行:中国铁道出版社(100054,北京市西城区右安门西街 8 号)

网 址:http://www.tdpress.com

印 刷:中煤(北京)印务有限公司

版 次:2017 年 7 月第 1 版 2017 年 7 月第 1 次印刷

开 本:787 mm×1 092 mm 1/32 印张:1.875 字数:41 千

书 号:ISBN 978-7-113-23283-2

定 价:21.00 元

前　　言

随着我国高速铁路事业的快速发展,对动车组运用检修人员的数量与能力要求也在与日俱增。为进一步服务高速铁路新职人员、动车组转型人员的培训需求,编者对动车组运用检修过程中常见、常用的基础配件进行了统计梳理,根据配件位置分布将动车组配件按车顶部分、车内部分、车下部分三部分来划分,实景取图并规范配件表述名称,编撰形成《动车组看图识配件丛书》。本书为丛书之一的《CRH380CL 型动车组看图识配件》。

《动车组看图识配件丛书》共 7 册,分别介绍了 CRH1 型、CRH2 型、CRH3C 型、CRH5A 型、CRH380A(L)型、CRH380B(L)型、CRH380CL 型动车组的配件。本丛书可作为从事动车组运用检修相关的技术、管理人员培训用书,也可作为高速铁路相关专业人员和相关专业院校师生普及型学习用书。

编者

2017 年 5 月

CONTENTS
目录

CRH380CL型

动车组看图识配件

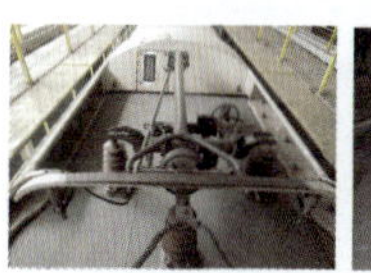

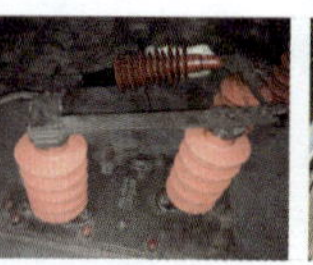

ADD 降弓阀

避雷器

变压器液位视窗

单碳滑板

接地保护装置

真空主断路器

车顶高压跳线

车顶隔离开关

车顶高压跳线支撑绝缘子

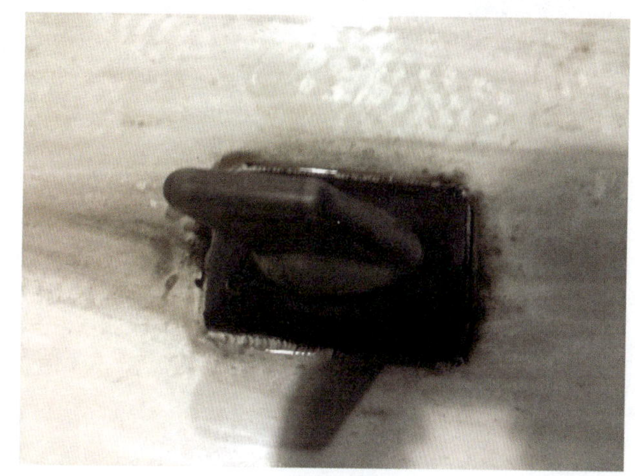

车顶天线

电流互感器

电压互感器

制动电阻箱

升弓气囊

空调风机罩

空调风扇

受电弓

受电弓导流罩

受电弓支撑绝缘子

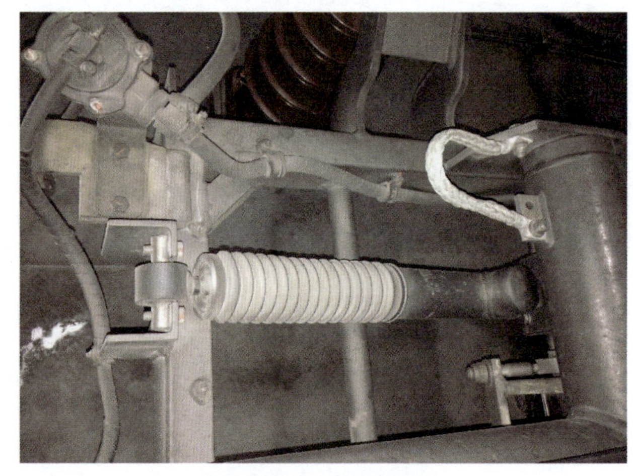

受电弓阻尼器

B CRH380CL型

动车组看图识配件

乘客紧急渡板

玻璃水液位显示器

车门防护网

车门隔离锁

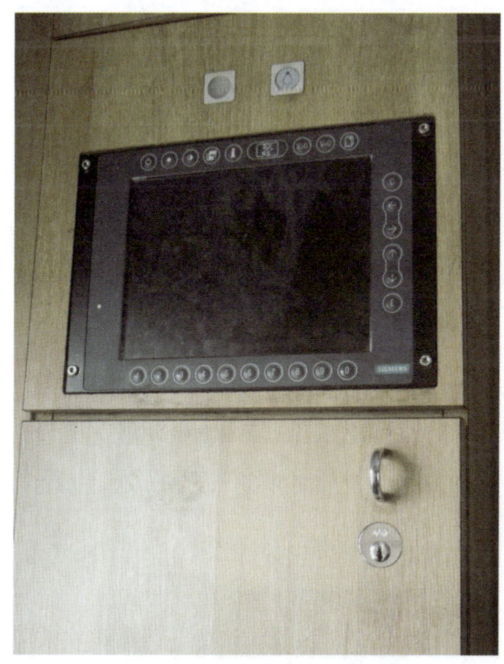

乘务员室 **HMI** 屏

电茶炉检修门

二等座椅

二等座椅小桌板

防火隔断门

行李架

机械师室

司机室

紧急关断按钮

紧急开门装置

紧急逃生窗

紧急制动按钮

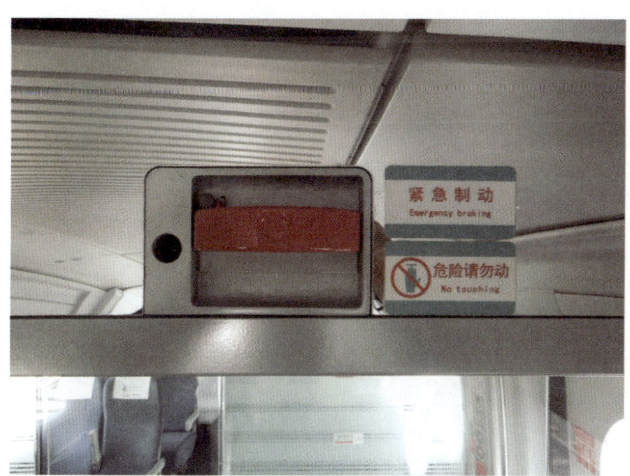

客室紧急制动拉手

应急锤

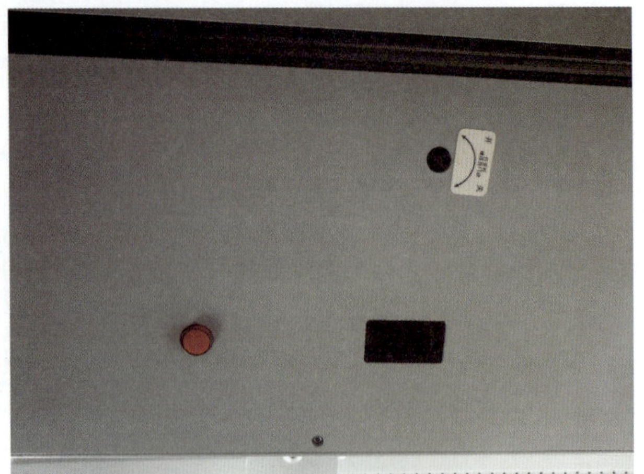

内端门自动开关按钮

内风挡

逃生梯 1

逃生梯 2

卫生间洗手池

验电器

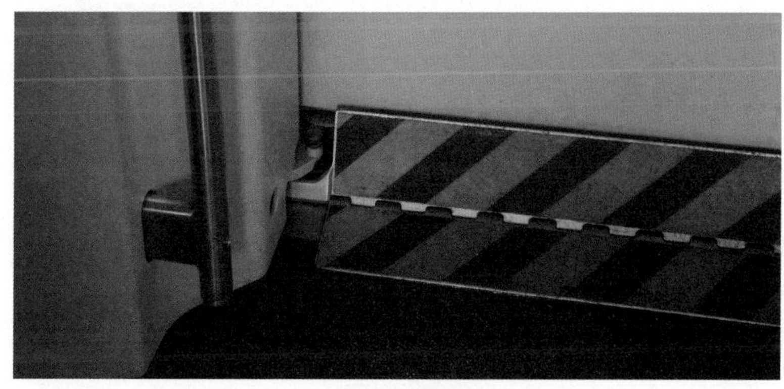

站台补偿器

C | CRH380CL型 动车组看图识配件

车下部分

BTM 天线

C 型支架

ETCS 梁

车端跨接电缆

齿轮箱

齿轮箱注油、排油堵和油位观察窗

二系垂向减振器和抗侧滚扭杆下拉杆

轴端盖

牵引电机电力连接器

牵引电机减振器

雨刮器

轨道电路读取器(TCR 天线)

转向架横向减振器

横向橡胶止挡

接地装置

头罩

抗蛇行减振器

联轴节

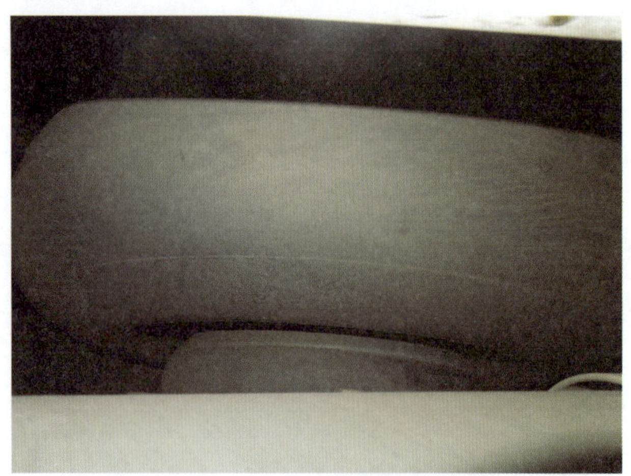

空气弹簧

空气弹簧高度调整杆

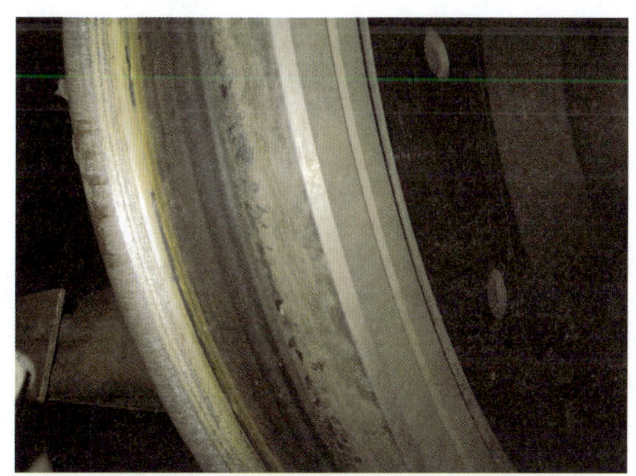

轮对踏面

排污口盖板

牵引电机冷却风机底板

牵引电机通风装置软连接

牵引电机吊架

撒砂装置

制动阀板裙板

司机室空调冷凝风扇

停放制动缸

停放制动紧急缓解手柄

拖车基础制动装置

外风挡

一系垂向减振器

轴箱弹簧

制动风缸

制动夹钳

制动显示器

中心销

注砂口盖板

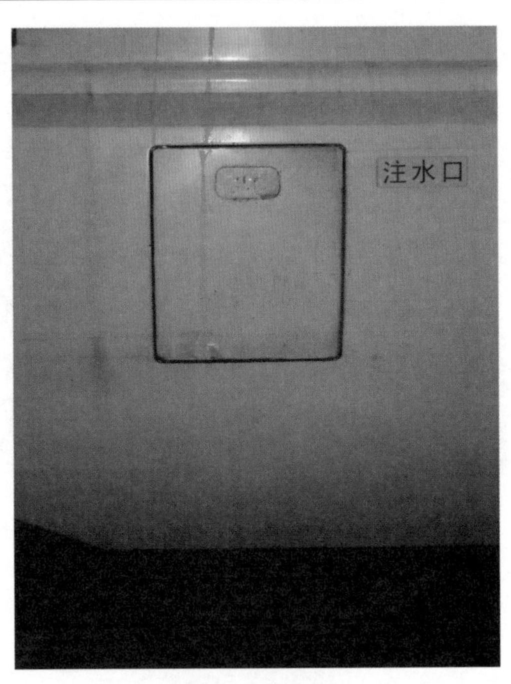

注水口盖板

转向架横向加速度传感器

转向架排障器

自动过分相装置感应接收器

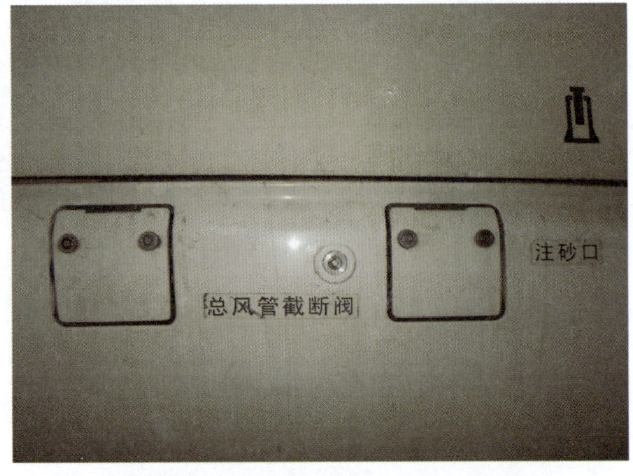

总风管截断阀盖板、注砂口盖板